# BEI GRIN MACHT SICH IHR WISSEN BEZAHLT

Marco Muschallik

# Regulatorische Maßnahmen zur Erhöhung der Repräsentanz von Frauen in Führungsgremien von Unternehmen

**Eine kritische Diskussion**

GRIN Verlag

**Bibliografische Information der Deutschen Nationalbibliothek:**

Die Deutsche Bibliothek verzeichnet diese Publikation in der Deutschen National-
bibliografie; detaillierte bibliografische Daten sind im Internet über http://dnb.d-
nb.de/ abrufbar.

**Impressum:**

Copyright © 2012 GRIN Verlag GmbH
Druck und Bindung: Books on Demand GmbH, Norderstedt Germany
ISBN: 978-3-656-41355-4

**Dieses Buch bei GRIN:**

http://www.grin.com/de/e-book/212794/regulatorische-massnahmen-zur-erhoehung-
der-repraesentanz-von-frauen-in

**GRIN - Your knowledge has value**

Der GRIN Verlag publiziert seit 1998 wissenschaftliche Arbeiten von Studenten, Hochschullehrern und anderen Akademikern als eBook und gedrucktes Buch. Die Verlagswebsite www.grin.com ist die ideale Plattform zur Veröffentlichung von Hausarbeiten, Abschlussarbeiten, wissenschaftlichen Aufsätzen, Dissertationen und Fachbüchern.

**Besuchen Sie uns im Internet:**

http://www.grin.com/

http://www.facebook.com/grincom

http://www.twitter.com/grin_com

RUHR-UNIVERSITÄT BOCHUM

Fakultät für Wirtschaftswissenschaft

Seminararbeit

(4 Wochen Arbeit)

im Modul Aktuelle Fragen der Corporate Governance

über das Thema

*Regulatorische Maßnahmen zur Erhöhung der Repräsentanz*
*von Frauen in Führungsgremien von Unternehmen*
*Eine kritische Diskussion*

Von stud. rer. oec.   **Marco Muschallik**

Abgabedatum       16.11.2012

# Inhaltsverzeichnis

# Abkürzungsverzeichnis

| | |
|---|---|
| a.a.O. | am angeführten Ort |
| Abs. | Absatz |
| Art. | Artikel |
| BMFSFJ | Bundesministerium für Familie, Senioren, Frauen und Jugend |
| BRD | Bundesrepublik Deutschland |
| bspw. | beispielsweise |
| bzw. | beziehungsweise |
| DAX | Deutscher Aktienindex |
| DCGK | Deutscher Corporate Governance Kodex |
| DIW | Deutsches Institut für Wirtschaftsforschung |
| GG | Grundgesetz |
| ggü. | gegenüber |
| Hrsg. | Herausgeber |
| IAB | Institut für Arbeitsmarkt- und Berufsforschung |
| Kap.-Ges. | Kapitalgesellschaft |
| KGaA | Kommanditgesellschaft auf Aktien |
| KStG | Körperschaftssteuergesetz |
| S. | Seite |
| SE | Societas Europaea (Europäische Gesellschaft) |
| Vgl. | Vergleich |
| z.B. | zum Beispiel |

# 1. Einleitung

Selten wurde in der BRD und auf europäischer Ebene so kontrovers über die Integration von Frauen in Führungspositionen diskutiert wie heute. Obwohl die Gleichberechtigung zwischen Frauen und Männern im Grundgesetz festgelegt ist, scheint dieses Gesetz in Führungsgremien[1] großer Unternehmen keine Anwendung zu finden.[2] Auch in der BRD sind Frauen in diesen quantitativ unterrepräsentiert. Regulatorische Maßnahmen des Staates sollen nun dafür sorgen, dass Frauen Zugang zu Führungsgremien wie Aufsichtsräten und Vorständen von Unternehmungen finden.

Die hier vorliegende Seminararbeit untersucht diese Problemstellung genauer und geht darauf ein, welche Maßnahmen ergriffen wurden, um diese zu lösen und ob die Einführung einer Quotenregelung sinnvoll erscheint. In den folgenden Kapiteln 2.1 und 2.2 wird zuerst auf regulatorische Maßnahmen eingegangen, welche in der BRD ergriffen wurden und diese auf ihren Erfolg evaluiert. In den Kapiteln 2.3 und 2.4 wird daraufhin das Instrument der Quotierung tiefgehender betrachtet und am Beispiel von Norwegen, wo eine Quotenregelung bereits 2003 von der Regierung verabschiedet wurde, Vor- und Nachteile dieser erörtert und diskutiert. Abschließend präsentiert Kapitel drei ein Ergebnis dieser Arbeit. Dieses zeigt auf welche Möglichkeiten der Positionierung der BRD bleiben und welcher Weg am effektivsten erscheint, um den Frauenanteil in einem von Männern dominierten Bereich zu steigern sowie transparente Aufstiegsmöglichkeiten für Frauen zu gewährleisten. Denn in Zeiten von globalem Wettbewerbsdruck, gesellschaftlichen Veränderungen und dem Problem eines heute schon bestehenden Fachkräftemangels als Folge des demografischen Wandels, liegt es nicht im ökonomischen Gesamtinteresse, „auf die Kompetenz der heute hervorragend ausgebildeten Frauen zu verzichten"[3].[4] Aus diesen Gründen ist eine kritische Auseinandersetzung mit dieser Problematik unausweichlich und eine schnelle Lösungsfindung, mit der Wirtschaft, Gesellschaft und Politik leben können, wünschenswert.

---

[1] In dieser Seminararbeit als Platz im Aufsichtsrat bzw. Vorstand von Kap.-Ges. definiert.
[2] Vgl. Art. 3 Abs. 2 GG.
[3] Schröder (2011), S.4.
[4] Vgl. Schröder (2011), S.4.

## 2. Maßnahmen zur Erhöhung der Repräsentanz von Frauen in Führungsgremien

### 2.1 Die Vereinbarung zwischen Regierung und Wirtschaft zur Chancengleichheit und die Vielfaltsempfehlung des DCGK

Die Unterrepräsentanz von Frauen in Führungsgremien von Unternehmungen ist in der BRD kein Novum. Bereits im Jahre 2001 wurde die „Vereinbarung zwischen der Bundesregierung und den Spitzenverbänden der deutschen Wirtschaft zur Förderung der Chancengleichheit von Frauen und Männern in der Privatwirtschaft"[5] beschlossen. Dieser Beschluss soll für die aktive betriebliche Förderung zur Vereinbarung von Familie und Beruf, zur Integration von Frauen in Führungspositionen und zukunftsorientierten Berufen sowie zur Verringerung von Einkommensunterschieden zwischen Frauen und Männern sorgen.[6] Konkrete Vorschläge zur Integration von Frauen in Spitzenpositionen sind z.B. die Einbeziehung von Frauen in Weiterbildungsprogramme, Teilzeitprogramme für Führungskräfte, das Ermöglichen der Vereinbarkeit von Familie und Beruf durch Instrumente wie flexible Arbeitszeiten und Arbeitsbedingungen, Hilfen bei der Kinderbetreuung und Wiedereingliederungsprogramme für Berufsrückkehrerinnen.[7] Diese Vereinbarung zielt darauf ab, dass Unternehmen eigene Maßnahmen gestalten, um Frauen einen Aufstieg in Führungspositionen zu ermöglichen und diesen zu fördern. Um den Druck auf die Wirtschaft zu erhöhen und ihre Maßnahmen beobachten zu können, wurde zudem beschlossen, dass das IAB alle zwei Jahre die Umsetzung der Maßnahmen prüft und den Fortschritt der Unternehmen bilanziert.[8] Sanktionen drohen nach diesem Abkommen allerdings keine und auch weitere politische Maßnahmen zur Frauenförderung sollen bei einer erfolgreichen Umsetzung ausbleiben.[9] Als nächster Schritt folgte im Jahre 2009 die Aufnahme der Vielfaltsempfehlung in den DCGK. Diese strebt insbesondere eine angemessene Berücksichtigung von Frauen bei der Besetzung von Führungspositionen an.[10] Desweiteren wirkt die Empfehlung als Richtlinie für eine gute Unternehmensführung und Unternehmenskultur in

---

[5] Deutscher Industrie- und Handelskammertag (Hrsg.) (2001), S.1.
[6] Vgl. a.a.O., S.2.
[7] Vgl. a.a.O., S.3.
[8] Vgl. a.a.O., S.5.
[9] Vgl. a.a.O., S.5.
[10] Vgl. Hecker und Peters (2010), S.2254.

der BRD. Ein konkretes, quantitatives Ziel für die Unternehmen ist im DCGK nicht festgelegt, allerdings müssen Abweichungen von der Kodexempfehlung offengelegt und begründet werden (comply or explain).[11] Diese Erweiterung nimmt, im Gegensatz zur Vereinbarung, die Unternehmen selbst in die Pflicht sich ggü. anderen Marktteilnehmern zu rechtfertigen, falls die Integration von Frauen nicht in ausreichendem Maße berücksichtigt wird.

## 2.2 Evaluation der bisher durchgeführten Maßnahmen in der BRD

Allerdings stellt sich die Frage, ob der Wille zur Förderung von Frauen und die Anleitung von Unternehmungen zur Selbstverpflichtung und Selbstregulierung einen sinnvollen und regulatorischen Beitrag dazu leisten, dass mehr Frauen in Führungsgremien eingesetzt werden. Betrachtet man bspw. die Aufsichtsräte der DAX-30 Unternehmen in Deutschland, stellt man fest, dass im Jahre 2008 rund 13 Prozent der Mitglieder Frauen waren.[12] Der vom DIW ermittelte Frauenanteil in Vorständen von Top-200-Unternehmen lag im vergangenen Jahr, 2011, bei drei Prozent.[13] Mitunter können diese Zahlen als Indikatoren dafür gesehen werden, dass das Ziel, die quantitative Repräsentanz von Frauen in Führungsgremien signifikant zu erhöhen, verfehlt und insgesamt das Problem der Unterrepräsentanz von Frauen in Führungspositionen großer Unternehmen, durch die bisher getroffenen Maßnahmen, nicht zufriedenstellend gelöst wurde. Auch die vierte Bilanz zur Chancengleichheit des BMFSFJ bestätigt, dass es bei der „Steigerung des Frauenanteils in den Aufsichtsräten und Vorständen großer Unternehmen noch viel Potenzial"[14] gibt. Obwohl die Zielsetzung, der quantitativ signifikanten Erhöhung der Repräsentanz von Frauen in Führungsgremien, der Bundesregierung nicht erreicht wurde, bildet die Vereinbarung zur Chancengleichheit die Grundlage für den Stufenplan des BMFSFJ, welcher einen neuen Ansatz der BRD zur Lösung des oben genannten Problems darstellt. Nach der im Jahr 2001 getroffenen Vereinbarung und der Aufnahme der Vielfaltsempfehlung in den DCGK, folgte im März 2011 „erstmals die Festlegung individueller Selbstverpflichtungen zur

---

[11] Vgl. Regierungskommission Deutscher Corporate Governance Kodex (Hrsg.) (2012), S.2.
[12] Vgl. Looman (2011), S.95.
[13] Vgl. Zimmermann (2012), S.33.
[14] Vgl. Bundesministerium für Familie, Senioren, Frauen und Jugend (Hrsg.) (2011), S.79.

Steigerung des Frauenanteils in Führungspositionen"[15] der DAX-30 Unternehmen in Deutschland. In diesen setzen die Unternehmen sich selbst konkrete und quantifizierbare Ziele. Der nächste Schritt des Stufenplans sieht vor, dass Unternehmen zukünftig gesetzlich zu einer Selbstverpflichtung gezwungen werden sollen und Sanktionen drohen, falls eben diese selbst bestimmte Quotierung nicht erreicht werde.[16] Dieses Modell wird als Flexi-Quote bezeichnet und stellt die Alternative zur gesetzlich vorgegebenen Quotierung dar. Es bietet den Unternehmen die Chance weiterhin selbstständig zu bestimmen, wie schnell die Integration von Frauen in Führungspositionen gelingen soll und kann. Betrachtet man nun alle bis dato getroffenen Maßnahmen, erkennt man einen Weg zwischen strikter Quotenregelung und dem bisherigen Laissez-faire, den die BRD weiterhin bestreiten könnte. Durch die eigenen Zielsetzungen der großen deutschen DAX-30 Unternehmen, erhöhte sich der durchschnittliche Frauenanteil in diesen im Jahr 2012 auf knapp 19 Prozent und die Prognose für die nahe Zukunft präsentiert einen noch höheren Wert.[17] Dennoch sind einige Politiker in der BRD weiterhin der Meinung, dass eine strikte gesetzliche Quotierung unerlässlich sei.

## 2.3 Der deutsche Gesetzesentwurf zur Einführung einer Mindestquote

Im Mai 2012 wurde im Bundesrat der Gesetzesantrag der Hansestadt Hamburg „zur Förderung gleichberechtigter Teilhabe von Frauen und Männern in Führungsgremien"[18] börsennotierter Kap.-Ges. vorgestellt. Bezugnehmend auf das GG kritisiert der Entwurf den immer noch zu geringen Anteil von Frauen speziell in Aufsichtsräten und sieht eine alternativlose Lösung darin, eine Mindestquotierung einzuführen.[19] Im Vergleich zu dem bisherigen Weg der BRD, soll dieses Gesetz durch eine konkrete Quantifizierung effektiver an das Problem der Unterrepräsentanz herantreten. Die vorgesehene Quotenhöhe würde bei Gremien mit bis zu einer Anzahl von einschließlich acht Mitgliedern eine feste Besetzungsvorgabe nach Köpfen vorgeben und bei Gremien ab neun Personen müssten 40 Prozent der Plätze mit Frauen und 40 Prozent mit

---

[15] Bundesministerium für Familie, Senioren, Frauen und Jugend (Hrsg.) (2012a).
[16] Vgl. Bundesministerium für Familie, Senioren, Frauen und Jugend (Hrsg.) (2012b).
[17] Eigene Berechnung aus Datensatz des BMFSFJ (Hrsg.) (2012c).
[18] Bundesrat (Hrsg.) (2012a), S.1.
[19] Vgl. a.a.O., S.1-3.

Männern besetzt werden.[20] Die restlichen 20 Prozent dürften vom Unternehmen nach eigenen Vorstellungen bestimmt werden. Um die Umsetzung der Quotierung zu gewährleisten, sind bei Nichteinhaltungen verschiedene Sanktionen vorgesehen. Falls ein Unternehmen keine Rechenschaft darüber ablegen kann, ob die geforderte Quotierung im betrachteten Gremium erfüllt ist, darf die nach § 10 des KStG zur Hälfte abzugsfähige Vergütung der Mitglieder des Gremiums von der Bemessungsgrundlage der Körperschaftssteuer nicht mehr berücksichtigt werden und stellt somit eine sanfte monetäre Sanktionsmöglichkeit dar.[21] Außerdem dient die namentliche Nennung der Unternehmen, welche die Quotierung nicht erfüllen, als weitere Strafmaßnahme.[22] Begründet wird dieser Gesetzesentwurf primär mit zwei Hauptargumenten. Das erste Argument zielt darauf ab, die bisherigen Bemühungen, Frauen in Führungspositionen zu integrieren, als unwirksam darzustellen. Denn sowohl die Vereinbarung, als auch die Aufnahme der Vielfaltsempfehlung in den DCGK werden, weil sie für Unternehmen kein bindendes Recht darstellen, als gescheitert angesehen.[23] Das zweite Argument weist auf eine erfolgreiche Quoteneinführung in Norwegen hin. Momentan liegt dort die effektive Quotierung, je nach Größe des Gremiums, zwischen 33-50 Prozent und trotz der kurzen Implementierungszeit von vier Jahren, konnte der Frauenanteil in Führungsgremien effektiv gesteigert werden.[24]

## 2.4 Kritischer Vergleich des deutschen Gesetzesentwurfs zur Einführung einer Mindestquote mit dem norwegischen Quotenmodell

Fraglich ist, ob die Einführung eines Quotenmodells in der BRD wirklich sinnvoll sein kann und welche positiven bzw. negativen Auswirkungen nach einer solchen erwartet werden können. Am Beispiel von Norwegen lassen sich einige Vor- und Nachteile der umgesetzten Quotenregelung aufzeigen: Wird ausschließlich ein quantitativer Indikator zur Bewertung des norwegischen Quotenmodells herangezogen, so lässt sich dieser Weg als Erfolg verbuchen. Im Jahre 2002 lag der Frauenanteil in Verwaltungsräten norwegischer Unternehmen bei sechs Prozent und konnte bis zum Jahre 2009 auf eine Quote

---

[20] Vgl. Bundesrat (Hrsg.) (2012b), S.40.
[21] Vgl. a.a.O., S.45.
[22] Vgl. a.a.O., S.53-54.
[23] Vgl. a.a.O., S.15.
[24] Vgl. a.a.O., S.18.

von 40 Prozent gesteigert werden.[25] Analysiert man die Quotierung allerdings unter Einbezug anderer Aspekte, werden einige Schwierigkeiten sichtbar. Als erstes Beispiel ist der Sanktionierungsmechanismus in Norwegen zu nennen. Harte Sanktionsmaßnahmen bis hin zur Zwangsauflösung eines Unternehmens machten eine schnelle Implementierung der Quote überhaupt erst möglich.[26] Da im deutschen Gesetzesentwurf eine weiche Sanktionierung bei Nichteinhaltung der Quotierung vorgesehen ist, ist eine Aussage über die Wirkung einer solchen nicht präzise formulierbar. Ein anderes Problem ist die Frage nach der Auswirkung einer Quotierung auf die Unternehmen selbst. Trotz einiger Studien, die eine positive Korrelation zwischen Frauen in Führungspositionen und dem wirtschaftlichen Erfolg des Unternehmens feststellen, sind die positiven wirtschaftlichen Folgen in Norwegen noch nicht deutlich zu erkennen.[27] Insgesamt lässt sich also aus dem Beispiel Norwegen nur schwer ableiten, welche Folgen eine Einführung der Frauenquote in der BRD haben könnte. Eine rein quantitative Erhöhung der Repräsentanz von Frauen kann man durch die Frauenquote mit sehr hoher Wahrscheinlichkeit erwarten, allerdings haben einige Kritiker in der BRD noch weitere Punkte vorzulegen, worüber in diesem Gesetzesentwurf nachzudenken wäre. Ulf Schneider, Vorstandsvorsitzender des Gesundheitskonzerns Fresenius SE & Co. KGaA., bezeichnete in einem Interview mit der „Wirtschaftswoche" die Einführung einer Quote als einen unzulässigen „Eingriff in das Eigentumsrecht der Aktionäre und Unternehmen"[28].[29] Wiederum andere Kritiker weisen darauf hin, dass es für die erfolgreiche und nachhaltige Umsetzung einer Quotierung ein Umfeld geben muss, in welchem Frauenförderung und Diversität die Unternehmenskultur dauerhaft prägen und als Selbstverständlichkeit angesehen werden.[30] Eine strikte Quotenregelung birgt somit durchaus Diskussionspotential in der BRD. Während Kritiker darauf hinweisen, dass Nachhaltigkeit und Erfolg bei einer festen Quotierung nicht gewährleistet seien, halten Befürworter die Maßnahme einer strikten Quotenregelung für notwendig, um das quantitative Ziel zu erreichen und die bisherigen Maßnahmen abzulösen.

---

[25] Vgl. Storvik und Teigen (2010), S.9.
[26] Vgl. a.a.O., S.9.
[27] Vgl. a.a.O., S.11.
[28] Schneider im Interview mit Salz (2012), S.50.
[29] Vgl. Salz (2012), S.50.
[30] Vgl. Witte (2012), S.17.

# 3. Schlussbetrachtung

Zusammenfassend ist festzuhalten, dass die BRD bei der Debatte um die Förderung von Frauen einen neuen Weg einschlagen muss und wird. Mit der bisherigen Vereinbarung zwischen Politik und Wirtschaft zur Chancengleichheit von Frauen und Männern und der Vielfaltsempfehlung im DCGK wurde zwar der Grundstein für den Prozess zu einer Unternehmenskultur mit Frauen in Führungspositionen gelegt, allerdings lag der quantitative Erfolg dieser Maßnahmen deutlich hinter den politischen Erwartungen zurück (Vgl. Kapitel 2.1 und 2.2). Lösung für dieses Problem kann zukünftig die Einführung einer Quotierung darstellen. Allerdings herrscht über ihre Form noch keine Einigkeit. Während das BMFSFJ eine Flexi-Quote offeriert, welche eine von den Unternehmen selbst festgelegte Quotierung darstellt und somit eine Eigenverantwortung der Wirtschaft zugrunde legt, fordert das Gegenlager eine feste Quotenregelung wie sie z.B. in Norwegen bereits zum Alltag gehört (Vgl. Kapitel 2.3 und 2.4). Über einen Sachverhalt besteht allerdings Einigkeit. Die neue Regelung soll durch konkrete, quantifizierbare Ziele und festgesetzte Sanktionsmöglichkeiten zu einer Erhöhung der Repräsentanz von Frauen in Führungsgremien führen. Allerdings wird die Schwierigkeit womöglich nicht darin bestehen dieses Ziel zu erreichen, sondern vielmehr darin liegen, eine Sensibilisierung ggü. diesem Thema zu erzeugen und eine Entscheidung zu fällen, welche sowohl die Förderung von Frauen berücksichtigt als auch im Interesse der Unternehmen ist. Gleich für welchen Weg sich die Regierung letztendlich entscheiden wird, ist zu berücksichtigen, dass keine der in dieser Seminararbeit beschriebenen Ansätze alle Interessensgruppen gänzlich zufrieden stellen kann. Trotzdem muss die BRD in der Frage um die Frauenförderung eine klare Positionierung einnehmen. Die bisherigen Maßnahmen waren nicht so erfolgreich, wie vielleicht erhofft, allerdings wäre die Einführung einer gesetzlichen Mindestquote die andere Extrempositionierung bei der Problemlösung. Die vom BMFSFJ offerierte Flexi-Quote stellt eventuell die Lösung dar, welche am ehesten die Entscheidungsspielräume den Unternehmen überlässt und für eine nachhaltige Integration von Frauen in Führungspositionen sorgen könnte.

# Literaturverzeichnis

Bundesministerium für Familie, Senioren, Frauen und Jugend (2011): „4. Bilanz zur Chancengleichheit", 1.Auflage, Berlin, 2011.

Bundesministerium für Familie, Senioren, Frauen und Jugend (2012a): „Wirtschaft übergibt Kristina Schröder Statusbericht zu Frauen in Führungspositionen", online im Internet: http://www.bmfsfj.de/BMFSFJ/gleichstellung,did=187194.html,     Abfrage: 04.11.2012, 17:45 Uhr.

Bundesministerium für Familie, Senioren, Frauen und Jugend (2012b): „Mehr Frauen – mehr Vielfalt in Führungspositionen", online im Internet: http://www.bmfsfj.de/RedaktionBMFSFJ/Abteilung4/Pdf-Anlagen/Stufenplan-Schema-2012,property=pdf,bereich=bmfsfj,sprache=de,rwb=true.pdf,     Abfrage: 04.11.2012, 18:10 Uhr.

Bundesministerium für Familie, Senioren, Frauen und Jugend (2012c): „Ziele der DAX 30 Aufsichtsräte", online im Internet: http://www.flexi-quote.de/ziele-der-dax-30-aufsichtsraete.html, Abfrage: 04.11.2012, 18:15 Uhr.

Bundesrat (2012a): „Gesetzesantrag der Freien Hansestadt Hamburg", online im Internet: http://www.bundesrat.de/cln_227/nn_8396/SharedDocs/Drucksachen/2012/030 1-400/330-12,templateId=raw,property=publicationFile.pdf/330-12.pdf, Abfrage: 05.11.2012, 16:35 Uhr.

Bundesrat (2012b): „Entwurf eines Gesetzes zur Förderung gleichberechtigter Teilhabe von Frauen und Männern in Führungsgremien", online im Internet: http://www.bundesrat.de/cln_227/nn_8396/SharedDocs/Drucksachen/2012/030 1-400/330-12,templateId=raw,property=publicationFile.pdf/330-12.pdf, Abfrage: 05.11.2012, 16:35 Uhr.

Deutscher Industrie-und Handelskammertag (2001): „Vereinbarung zwischen der Bundesregierung und den Spitzenverbänden der deutschen Wirtschaft zur Förderung der Chancengleichheit von Frauen und Männern in der Privatwirtschaft", online im Internet: http://www.dihk.de/ressourcen/downloads/chancengleichheit.pdf/at_download/fil e?mdate=1291825590583, Abfrage: 02.11.2012, 18:50 Uhr.

Hecker, A., Peters, M. (2010): „Die Änderungen des DCGK im Jahr 2010", in: *Betriebs Berater*, 65. Jahrgang, 38. Heft, S. 2251-2257.

Looman, M. (2011): „Am Rande der Macht – Frauen in Deutschland in Politik und Wirtschaft", 1.Auflage, Opladen, 2011.

Regierungskommission Deutscher Corporate Governance Kodex (2012): „Deutscher Corporate Governance Kodex", online im Internet: http://www.corporate-governance-code.de/ger/download/kodex_2012/D_CorGov_Endfassung_Mai_2012.pdf, Abfrage: 02.11.2012, 19:15 Uhr.

Salz, J. (2012): „Wir lassen uns nichts diktieren", in: WirtschaftsWoche, Jahrgang 2012, 14. Heft, S. 50.

Schröder, K. (2011): „Vorwort", in: 4. Bilanz Chancengleichheit, Hrsg.: Bundesministerium für Familie, Senioren, Frauen und Jugend, 1.Auflage, Berlin, 2011.

Storvik, A., Teigen, M. (2010): „Das norwegische Experiment – eine Frauenquote für Aufsichtsräte", 1.Auflage, Berlin, 2010.

Witte, J. (2012): „Frauenförderung braucht Nachhaltigkeit", in: VDI nachrichten, Jahrgang 2012, 43. Heft, S.17.

Zimmermann, S. (2012): „Glasbruch", in: Staufenbiel Karrieremagazin, 12. Jahrgang, 3. Heft, S. 32-38.

## Rechtsnormenverzeichnis

GG (2011): Grundgesetz vom 23.05.1949 mit allen späteren Änderungen einschließlich der Änderung des Artikels zur Grundsicherung für Arbeitssuchende (Art. 91 e) vom 21.07.2010, in: BGBl. I, S. 944.

KStG (2012): Körperschaftssteuergesetz vom 15.10.2002 mit allen späteren Änderungen einschließlich der Änderung durch ein Gesetz vom 07.12.2011, in: BGBl. I, S. 2592.